AGT **Salvador Z. Zamudio**
PRINCIPAL PARTNER
℡ **760 504 5942**
🌐 appliedgrowth.com
✉ salvador@appliedgrowth.com

The Future of
Business Thought

EMERSION
INTERNACIONAL
EMPRESARIAL

CÓMO HABLAR

EN PÚBLICO

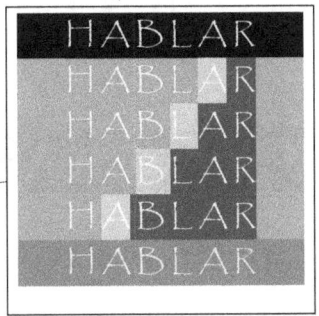

HABLAR
HABLAR
HABLAR
HABLAR
HABLAR
HABLAR

ETHOS PATHOS LOGOS

SALVADOR Z. ZAMUDIO, MBA

CÓMO HABLAR

EN PÚBLICO

ETHOS Y PRÁCTICAS

SALVADOR Z. ZAMUDIO, MBA

Una de las bases esenciales del desarrollo de la humanidad, siempre ha sido el uso de la retorica y la oratoria para poder entanblar comunicación clara y eficaz. 300 años antes de que Jesucristo viniera con su mensaje que nos ha iluminado por los ultimos mas de 2000 años Aristoles creo las reglas basicas de la oratoria. Este metdo explora estas reglas y te ayuda a entenderlas.

Ethos, Pathos, y Logos son las reglas basicas, este manual te presenta las reglas siguiendo el Ethos de desarrollo de cada aspecto. Ethos significa confianza en un proceso o una persona, por el carácter moral o de autoridad en base a los conocimientos del exponente y su preparacion. La grafica ilustra este proceso. Este libro usa Ethos como la base de la cual fuluyen las otras dos.

CONTENIDOS DE ETHOS

INTRODUCCIÓN A
HABLAR
EN
PÚBLICO

CUANDO UNO VA A HABLAR EN PÚBLICO ES FUNDAMENTAL TENER CLARO EL OBJETIVO DE LA PRESENTACIÓN.

Se quiere transmitir una información (por ejemplo, resultados de la empresa).

Se quiere manifestar una opinión sobre un tema determinado.

Simplemente se quiere entretener, etc.

Y a la consecución de dicho objetivo debe orientarse el discurso.

Hablar en público no se limita a tomar la palabra y "soltar" un discurso; hablar en público consiste en lograr establecer una comunicación efectiva con el mismo, en la que uno sea capaz de transmitir sus ideas.

Hablar en público es una oportunidad que hay que saber aprovechar.

Un grupo más o menos numeroso de personas estará escuchando al orador, quien tiene una ocasión única para transmitir sus ideas, para tratar de convencerlos de una u otra cosa.

Por ello, las presentaciones hay que prepararlas a conciencia, lo que implica no limitarse a elaborar el discurso, sino que hay que ensayar la forma en la que se va a exponer:

El orador tiene que conseguir que el público se interese por lo que les va a decir y esto exige dominar las técnicas de la comunicación.

Una cosa es conocer una materia y otra muy distinta es saber hablar de la misma.

Conocer el tema es una condición necesaria pero no suficiente: hay que saber exponerlo de una manera atractiva, conseguir captar la atención del público y no aburrirles.

El orador tiene que resultar interesante, sugerente, convincente, etc.

Cuando se va a hablar sobre un tema lo primero que el orador tendrá que hacer es dominarlo. En el momento en el que tome la palabra deberá tener un conocimiento sobre el mismo muy superior del que tiene el público. El orador tiene que tener algo interesante que transmitir.

Uno debe evitar a toda costa hablar sobre un tema que apenas domine ya que correría el riego de hacer el ridículo.

Escribir el discurso es sólo una parte del trabajo y probablemente no la más difícil, ni tampoco probablemente, la más determinante a la hora de alcanzar el éxito.

El cómo se expongan esas ideas juega un papel fundamental.

Un mismo discurso puede resultar un tremendo éxito o un rotundo fracaso en función de la habilidad del orador en su exposición.

Aunque resulta natural estar algo nervioso cuando se va a hablar en público, hay que tener muy claro que el público no es el enemigo, que se encuentra acechando a la espera del más mínimo fallo para saltar sobre el orador.

Muy al contrario, cuando el público acude al acto es porque en principio le interesa el tema que se va a tratar y entiende que el orador tiene la valía suficiente para poder aportarle algo.

Cuando se habla en público hay que estar pendiente no sólo de lo que se dice, sino de cómo se dice, del vocabulario que se emplea, de los gestos, de los movimientos, de la forma de vestir, etc. Todo ello será valorado por el público y determinará el mayor o menor éxito de la presentación.

MIEDO A HABLAR EN PÚBLICO

COMO SE HA COMENTADO EN LA LECCIÓN ANTERIOR, EL PÚBLICO NO ES EL ENEMIGO, SINO QUE, BIEN AL CONTRARIO, SON PERSONAS QUE CONSIDERAN QUE EL ORADOR PUEDE APORTARLES ALGO, QUE NO VAN A PERDER EL TIEMPO ESCUCHÁNDOLE.

Por ello, no se debería tener un miedo desproporcionado a hablar en público, algo que, sin embargo, suele ser bastante habitual.

Tener miedo antes de una presentación pública es algo natural, por lo que uno no debería ser excesivamente autocrítico consigo mismo por que le ocurra esto, y no por ello ha de considerarse una persona débil e insegura.

Hay que analizar este miedo que a uno le asecha y tratar de descubrir las causas que lo originan.

Uno se dará cuenta de que gran parte de este miedo es irracional, no obedece a motivos lógicos (miedo de hacer un ridículo espantoso, de que se rían de uno, de tartamudear, de caer en desgracia, de hundir el prestigio profesional, de que le abucheen…).

Son situaciones que no van a ocurrir y por lo tanto este miedo hay que rechazarlo por absurdo.

Otro tipo de miedo sí puede ser racional: obedece a situaciones adversas que pueden presentarse (quedarse en blanco, no saber contestar a una pregunta, que no funcione el proyector, etc.).

Frente a este miedo racional lo que hay que hacer es tomar todas las medidas posibles para reducir al mínimo las posibilidades de que estas situaciones se produzcan (por ejemplo, llevando tarjetas de apoyo, preparando el discurso a conciencia, verificando previamente de que el proyector funciona correctamente, etc.).

A veces también preocupa el pensar que el público pueda darse cuenta del miedo que uno tiene (sudores, temblor en el habla o en las piernas, cara demacrada, etc.), pero es muy difícil que esto ocurra: Son reacciones físicas que uno percibe intensamente pero que apenas son percibidas por terceros. Además, en el caso hipotético de que así fuera, el público pensaría que son reacciones muy naturales, que a cualquiera le podría ocurrir.

La mejor forma de combatir el miedo es con una adecuada preparación: hay que trabajar y ensayar la presentación con rigurosidad.

Cuando se domina la presentación se reducen drásticamente las posibilidades de cometer errores; esto genera confianza y disminuye el nivel de ansiedad.

También resulta muy útil pensar en positivo, es decir, en la satisfacción tan enorme que a uno le produciría obtener un gran éxito.

El orador debe autoconvencerse de que con una buena preparación este éxito está al alcance de la mano.

Otro modo de combatir el nerviosismo es realizar, unas horas antes de la intervención, algún ejercicio físico intenso (un partido de soccer, salir a correr, etc.). Esto contribuye a quemar energías y genera un cansancio físico que contribuye a calmar los nervios.

Cuando llega el momento de la intervención uno debe autoimponerse tranquilidad, especialmente en los momentos iniciales de misma.

Si uno consigue sentirse cómodo al principio, es posible que mantenga esta línea durante el resto de la presentación.

Subir al estrado con tranquilidad, sin prisas, mirar al público unos instantes mientras se le saluda, ajustar el micrófono, organizar las notas... y comenzar a hablar despacio.

A lo que nunca se debe recurrir es a tomar pastillas o un par de "copitas", ya que podrían generar un estado de aturdimiento que dificulta la exposición.

En todo caso, un cierto grado de nerviosismo no es malo, ya que permite iniciar la presentación en un estado de cierta agitación, de mayor energía.

PREPARACIÓN
DE
LA PRESENTACIÓN

A LA HORA DE PREPARAR EL DISCURSO HAY QUE TENER EN CUENTA:

a) Público asistente: el discurso tiene que ser apropiado para el público que va a asistir. Hay que ver qué temas le pueden interesar, cual puede ser su nivel de conocimiento sobre el mismo, hay que utilizar un lenguaje adecuado, tener en cuenta si conoce o no términos técnicos, etc.

No es lo mismo explicar los resultados del ejercicio, a la junta general de accionistas, que a los empleados de la sociedad están llevando acabo. En el primer caso será un discurso mucho más formal.

Tampoco es lo mismo hablar sobre el cambio climático ante una comisión de científicos, que en un colegio mayor. El nivel de precisión y el lenguaje técnico que se pueden utilizar son muy diferentes en ambos casos.

Tampoco es lo mismo hablar ante 10 personas que ante 1.000. En el primer caso hay más posibilidades de interacción con el público, más cercanía; en el segundo caso el discurso tenderá a ser mucho más formal.

b) Objeto de la presentación. Hay que tener muy claro el motivo de la intervención.

Felicitar a los empleados por los buenos resultados, comunicar un recorte de empleos, felicitar a un empleado por sus 25 años

en la empresa, convencer al público para que vote por un determinado partido político, etc.

El discurso puede tener por objeto informar, motivar, entretener, advertir, amonestar etc., y en función de ello habrá que adaptar el estilo del mismo: formal o informal, serio o entretenido, cercano o distante, monólogo o participativo, etc.

c) Tema a tratar: según el tema que se vaya a tratar el estilo del discurso puede ser radicalmente diferente.

No es lo mismo hablar en el Pleno del Ayuntamiento sobre los presupuestos del año, que sobre la organización de las fiestas patronales del pueblo.

No es lo mismo dirigirse a los empleados para explicarles los resultados del año, que presentarles los nuevos objetivos. En el primer caso se busca comunicar (lenguaje preciso) y en el segundo motivar (discurso más apasionado y entusiasta).

d) Lugar de la presentación. El lugar del genera carácter.

No es lo mismo hablar en un auditorio, en la sala de reuniones de la empresa, en una fiesta de cumpleaños, en un banquete de boda, etc.

e) Tiempo de la presentación: el tipo de discurso será completamente diferente dependiendo de si va a durar 5 minutos o si va a durar una hora y media. Las posibilidades de improvisar, de profundizar en la materia, de estructurar el

discurso (introducción, desarrollo y conclusión), de utilizar tarjetas de apoyo, de utilizar transparencias, etc.), varían en uno y otro caso.

Todos estos aspectos habrá que tenerlos en cuenta a la hora de definir el tipo de presentación que se quiera presentar.

ETHOS IV

ESTILO DE LA PRESENTACIÓN

CUANDO SE HABLA EN PÚBLICO, EL ESTILO DE LA PRESENTACIÓN VA A DEPENDER DE DIVERSOS FACTORES, ENTRE ELLOS LOS QUE SE SEÑALARON EN LA LECCIÓN ANTERIOR.

Es decir, en función del motivo de la presentación, del objetivo que se pretende conseguir, del público asistente, etc., el discurso tendrá un estilo determinado.

Un mismo tema se puede presentar de maneras muy diferente (por ejemplo, la presentación de los resultados de una empresa variará según se trate de rendir cuentas ante los accionistas o de felicitar a los empleados por los objetivos conseguidos).

No se puede pretender hablar en público siempre de la misma manera: hay que ajustar el estilo de la presentación a las características de cada ocasión, ya que si no se hiciera la actuación podría resultar en un enorme fracaso (con independencia de que uno sea un experto en la materia).

Las características que definen el estilo de una presentación son numerosas:

- Formal o informal

- Serio o relajado

- Sobrio o entusiasta

- Cercano o distante

- Riguroso o generalista

- Monólogo o participativo

- Con apoyo visual (proyector) o no

Ejemplos:

- Un discurso en un acto oficial: será un discurso formal, sobrio y riguroso.

- La presentación de un proyecto técnico: será un discurso muy técnico y preciso, el estilo puede ser más informal y cercano, se utilizará apoyo visual, posibilidad de preguntar, etc.

- Discurso de inauguración de las fiestas locales: informal (aunque no por ello menos preparado), entusiasta, divertido (con anécdotas, toques de humor, ironía, etc.), cercano, etc.

- Palabras improvisadas en un banquete de boda: informal, familiar, entrañable, breve, etc.

El orador buscará darle a su presentación aquella orientación con la que pueda lograr el mayor impacto posible con el público.

Si no se tiene claro cual es el enfoque apropiado, habría que hablar con los organizadores del acto o con alguna persona experta para conocer su opinión.

En caso de duda es preferible adoptar la opción más conservadora: resulta menos llamativo hablar de manera formal en un acto informal, que hablar de manera informal en un acto formal.

La forma de vestir también puede venir determinada por el tipo de acto (no es lo mismo presentar en el Congreso de los Diputados que en una junta político).

Si no se cuidan todos estos detalles, puede suceder que el orador no consiga captar la atención del público, quien se irá con la impresión de que el discurso ha estado completamente fuera de lugar.

Una última observación:

Un toque de humor, sabiamente administrado, no está reñido con la seriedad ni con el rigor (además, ayuda a acercarse a la audiencia).

ETHOS V

PÚBLICO

CUANDO SE HABLA EN PÚBLICO LO PRIMERO QUE HAY QUE BUSCAR ES CAPTAR SU INTERÉS Y ATENCIÓN, CON VISTAS A QUE LA COMUNICACIÓN RESULTE EFECTIVA.

Hablar a un público que no muestra interés es perder el tiempo.

Si el público asiste al acto es porque le interesa, porque espera obtener algo (aprender, conocer otros puntos de vista, pasar un rato agradable, etc.), por lo que hay que intentar no defraudarle.

No hay que ver al público como al enemigo.

Hay que preparar el discurso en función del público que se espera que asista:

Tratando un tema que le interese (si el orador tiene la opción de poder elegir).

Utilizando un lenguaje apropiado, comprensible; no se deben utilizar términos que le resulten extraños (no es lo mismo dirigirse a universitarios que a un grupo de jubilados).

Un mismo tema se puede abordar de manera diferente en función del público objetivo.

Aunque hasta el momento de la presentación no se tendrá una idea exacta del público asistente, habría que hablar previamente con los organizadores del acto para que indiquen qué tipo de público se espera que asista.

Un aspecto que conviene tener en cuenta es si se trata de un grupo homogéneo (por ejemplo, trabajadores) o (por ejemplo, el público de las fiestas locales), ya que el discurso deberá ir dirigido a todos ellos.

No se deben utilizar términos o expresiones que parte del público no conozca, ni entrar en unos niveles de detalle que a una parte del público pueda no interesarle, o que sencillamente no sea capaz de entender.

También hay que informarse del número previsto de asistentes:

No es lo mismo dirigirse a 10 que a 300 personas. Esto influirá en la capacidad de interactuar (preguntar, debatir, etc.), en la necesidad o no de utilizar micrófono, en los posibles medios de apoyo (pizarra, proyectores, etc.).

Si el público es numeroso habrá que hablar más alto (con independencia de que se utilice micrófono), aspecto que se tendrá en cuenta en los ensayos. Con pocos asistentes el estilo puede ser más informal, más cercano, frente a un estilo más formal cuando la audiencia es numerosa.

Hay que tener en cuenta el posible conocimiento que pueda tener el público sobre el tema que se va a abordar, ya que esto

determinará hasta que nivel se podrá profundizar, o que vocabulario, más o menos técnico, se podrá utilizar.

Un aspecto que también influirá en el discurso es si el orador conoce ya al público (ha participado en ocasiones anteriores, trabaja en la empresa, vive en el pueblo, etc.) ya qué esto podría permitirle darle a su discurso un toque de mayor cercanía, más informal.

Hay que tratar de anticipar si el público va a estar de acuerdo o no con la tesis que se va a exponer y en el caso de que se prevean discrepancias, intentar conocer las razones de las mismas.

En la exposición se puede hacer referencia a otros posibles puntos de vista, tratarlos con rigurosidad y respeto, aunque indicando que no se esta de acuerdo con ellos.

También hay que considerar las preguntas más probables que el público pueda plantear, lo que permitirá llevar preparadas las respuestas.

ETHOS VI

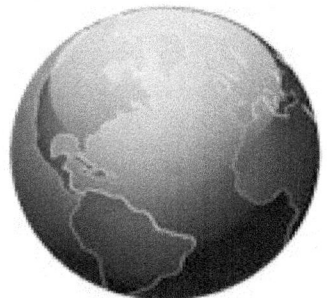

LUGAR
DE
LA PRESENTACIÓN

EL LUGAR DE LA PRESENTACIÓN TAMBIÉN DETERMINA EN GRAN MEDIDA EL TIPO DE DISCURSO:

El lugar imprime al acto su propia identidad, dándole una nota de mayor o menor formalidad:

No es lo mismo presentar en una pequeña sala de juntas, en un auditorio, o desde el balcón del ayuntamiento.

El orador debe conocer el lugar en el que va a hablar y tenerlo en cuenta a la hora de ensayar.

Conocer sus dimensiones, si podrá contar con proyectores, pizarras, etc.; si el estrado tiene una dimensión suficiente para poder moverse por él; si tendrá también la posibilidad de moverse entre el público (por ejemplo, en un aula a), etc.

Lo ideal sería, además de conocerlo, realizar allí el último ensayo general, el día previo al acto.

Esto le permitiría familiarizarse con el sitio, lo que también contribuye en cierta medida a calmar un poco los nervios.

Si uno no tiene posibilidad de visitar el local, al menos debería ponerse en contacto con los organizadores del acto para que le informen sobre sus características.

Lo que no se debe hacer es no conocer el lugar donde se va a hablar hasta el momento de la presentación, no vaya a haber sorpresas de última hora de difícil solución:

No dispone de proyector para mostrar las transparencias que se habían preparado, no hay un atril donde colocar las tarjetas de apoyo, el estrado es demasiado pequeño, etc.

Se trata, en definitiva, de evitar cualquier imprevisto que pueda perjudicar la presentación.

35

ETHOS VII

DURACIÓN DE
LA PRESENTACIÓN

LA DURACIÓN DE LA PRESENTACIÓN CONDICIONA LA PREPARACIÓN DEL DISCURSO.

No es lo mismo preparar una presentación de 5 minutos que una de hora y media.

Cuando se prepara un discurso hay que intentar ajustarse a un tiempo algo inferior al que uno tiene previsto, ya que durante el mismo es frecuente que uno tienda a extenderse (saludos, agradecimientos, alguna anécdota improvisada, etc.)

Siempre es preferible quedarse corto que sobrepasar el tiempo asignado. El público agradece la brevedad.

Hay que tener presente la posibilidad de que en el último momento los organizadores del acto modifiquen la duración de la presentación, bien ampliándola (porque un conferencista no haya podido asistir), bien recortándola (porque el acto marche con retraso).

El orador debería llevar preparado material adicional (otros argumentos, anécdotas, ejemplos, transparencias, etc.) por si tuviera que hablar más tiempo del previsto.

También debe tener identificadas partes del discurso que se puedan omitir, para el caso contrario en el que se recorte el tiempo de la presentación.

Durante el discurso hay que controlar el tiempo (tener un reloj a la vista que se pueda mirar discretamente), tratando de que la presentación se vaya desarrollando según lo previsto, evitando agotar el tiempo con el discurso todavía por la mitad.

No hay que olvidar que una de las partes principales del mismo es la conclusión, a la que hay que dedicar el tiempo necesario para poder desarrollarla convenientemente.

Si el discurso es extenso el orador no debería confiar únicamente en su memoria ya que corre el riesgo de olvidar algún punto fundamental o, peor aún, de quedarse en blanco.

Es conveniente en este caso llevar preparadas tarjetas de apoyo que le pueden servir de guía a lo largo de su exposición.

Por último, una idea que hay que tener siempre presente:

El orador sólo se extenderá en la medida en la que tenga algo interesante que decir, lo que no debe hacer bajo ningún concepto es tratar de "rellenar" el tiempo con información carente de interés (al público no se le puede aburrir).

ETHOS VIII

EL DISCURSO

LA ELABORACIÓN DEL DISCURSO, aun siendo determinante, constituye tan sólo una primera etapa de la preparación del acto (y puede que no la más complicada).

Cuando se prepara un discurso hay que tener muy claro cuál es su objetivo, qué es lo que se pretende conseguir (informar, motivar, divertir, advertir, etc.).

En primer lugar hay que definir el tema de la exposición. Esto puede venir ya indicado por los organizadores del acto (aunque uno siempre podrá darle su propia orientación) o puede que uno tenga libertad para elegirlo.

Definido el tema, hay que determinar la idea clave que se quiere transmitir y sobre la que va a girar toda la argumentación.

Por ejemplo, se va a hablar sobre el sector del empresario Hispano en los Estados Unidos y se quiere transmitir la idea de su falta de proyección internacional.

Una vez seleccionada la idea clave, hay que buscar argumentos en los que apoyarla. Para ello lo mejor es dar rienda suelta a la imaginación ("lluvia de ideas") e irlas anotando a medida que vayan surgiendo.

Este proceso puede durar algunos días (hay que dar tiempo a la imaginación; las ideas surgen inesperadamente).

Una vez que se dispone de una lista de posibles argumentos hay que seleccionar los 4 o 5 más relevantes (y no más).

Hay que tener presente que en un discurso la capacidad de retención que tiene el público es limitada y que difícilmente va a ser capaz de asimilar más de 4 o 5 conceptos.

Tratar de apoyar la idea clave con muchos argumentos a lo único que lleva es a que el público termine sin captar lo esencial (los árboles no dejarían ver el bosque).

Una vez que se han seleccionado esos pocos argumentos que se van a utilizar hay que desarrollarlos en profundidad. Se utilizarán conceptos, datos, ejemplos, citas, anécdotas, notas de humor (se pueden incluir aunque el tema tratado sea muy serio).

El discurso se estructura en tres partes muy definidas:

1. Introducción (plantea el tema que se va a abordar y la idea que se quiere transmitir).

2. Desarrollo (se presentan los distintos argumentos que sustentan la idea).

3. Conclusión (se resalta nuevamente la idea y se enumeran someramente los argumentos utilizados).

El discurso no tiene por qué ser una pieza literaria, lo que sí debe tener es la claridad.

Al ser escuchado (y no leído) el público no tiene tiempo de analizar detenidamente el lenguaje utilizado, la estructura de las frases, etc.

Además, en el supuesto de no entender una frase no va a tener la posibilidad de volver sobre ella.

Todo ello lleva a que en el discurso deba emplearse un lenguaje claro y directo, frases sencillas y cortas. Hay que facilitarle al público su comprensión.

Para terminar, señalar algunos aspectos importantes:

Independientemente del tema que se vaya a tratar, hay que procurar que el discurso resulte atractivo, novedoso, ágil, con gancho, bien fundamentado, interesante (aunque el tema abordado sea tan árido como, por ejemplo, "La revisión de un documento de inventario).

Debe existir siempre la idea de la brevedad (el público lo agradece). La brevedad no implica que el discurso tenga que ser necesariamente corto, sino que no debe extenderse más allá de lo estrictamente necesario (ir "al grano", evitar rodeos que tan sólo dificultan la comprensión y terminan aburriendo).

Siempre es preferible quedarse corto que pasarse.

ETHOS IX

LA IDEA CLAVE

COMO SE HA COMENTADO EN LA LECCIÓN ANTERIOR, EL DISCURSO GIRARÁ SOBRE UNA IDEA PRINCIPAL (IDEA CLAVE), QUE RESUME EL PUNTO DE VISTA DEL ORADOR SOBRE EL TEMA TRATADO.

Hablar en público constituye una oportunidad que no se puede desaprovechar:

Un grupo de personas, más o menos numeroso, está pendiente de lo que uno les va a decir, por ello hay que ser enormemente selectivo en la idea que se quiere transmitir.

No se puede perder esta oportunidad tratando temas marginales o menos relevantes.

El orador tiene que ser capaz de ir al núcleo del asunto.

Es preferible centrarse en un solo mensaje que quede claro que abordar distintas ideas que al final sólo produzcan confusión.

Cuando se habla en público hay que ser muy conciso, evitar la dispersión, ya que la capacidad de retención del público es limitada.

Para definir la idea clave uno debe tomarse un periodo de reflexión y hasta que no esté convencido de la misma no comenzará a desarrollar su discurso.

Esta idea principal se expresa en la introducción (para que el público sepa cual es la posición que se va a defender), se argumentará durante el desarrollo y se destacará nuevamente en la conclusión.

El objetivo del orador es que cuando termine su intervención el público conozca perfectamente cual es su opinión y los argumentos en los que se basa.

ETHOS X

LA ESENCIA
DE LA APERTURA

LA APERTURA ES UNA PARTE FUNDAMENTAL DEL DISCURSO.

Al iniciar la presentación, el orador se "juega" el conseguir o no la atención del público.

Si la apertura resulta interesante, atractiva, novedosa, sugerente, y si el orador parece preparado, agradable, entusiasta, entretenido, es posible captar la atención del público, y una vez que se ha conseguido es más fácil mantenerla a lo largo de todo el discurso.

Si por el contrario, el orador no consigue en la apertura "enganchar" al público, a medida que avance el discurso le va a resultar cada vez más difícil lograrlo (si el público no ha prestado atención al principio, es muy complicado que luego pueda captar la línea argumental, aunque lo intente).

Si la apertura suena a rollo, la voz resulta monótona, no se oye bien, no queda claro de que se va a hablar, la imagen del orador resulta indiferente, etc., es muy fácil que la mente del público empiece a viajar en diferentes direcciones.

Hay mil cosas en las que el público puede entretenerse (este orador se parece a mi vecino; que mal le queda el traje, que corbata más rara, que calor hace aquí, ya está el de delante estornudando, etc, etc).

La presentación tiene que ser breve, se trata simplemente de introducir el tema que se va a tratar; ya habrá tiempo más adelante para desarrollarlo.

En la introducción tiene que quedar muy claro el asunto que se va a abordar y la opinión del orador sobre el mismo.

Si el discurso va a ser extenso, en la introducción se debe presentar un pequeño guión indicando los distintas partes de la exposición.

La introducción se tiene que preparar a conciencia.

Hay que ser capaz de exponerla sin recurrir a tarjetas de apoyo (aunque se lleven preparadas) ya que gana en espontaneidad.

Además, es al comienzo de la presentación cuando los nervios están más a flor de piel, por lo que una buena preparación ayuda también a dominarlos.

La apertura debe empezar con entusiasmo, con energía. Marca la línea que debe seguir el resto de la presentación.

Por último, indicar que la apertura debe comenzar con un saludo a los asistentes, agradeciéndoles su presencia; también se dará las gracias a los organizadores del acto por la invitación.

Si alguien ha presentado antes se le dedicarán unas palabras de reconocimiento (aunque no haya sido muy bueno).

ETHOS XI

DESARROLLO

DURANTE EL DESARROLLO DEL DISCURSO SE EXPONDRÁN AQUELLOS ARGUMENTOS PRINCIPALES QUE SUSTENTEN LA IDEA DEFENDIDA POR EL ORADOR.

Hay que ser muy selectivo en la utilización de argumentos de apoyo (no más de 4 o 5).

En este desarrollo no hay que extenderse más allá de lo necesario. Ya se ha repetido anteriormente que debe existir siempre el principio de brevedad.

No hay que abusar de los datos, de los detalles (ocultan los aspectos fundamentales).

Hay que dar exclusivamente aquella información que sea realmente relevante.

El desarrollo debe ser ágil, combinando conceptos teóricos, ejemplos, datos estadísticos, citas, comparaciones, anécdotas e incluso incluyendo algún toque de humor (permite acercar el discurso al público).

Es conveniente que estos ejemplos, anécdotas, citas etc., sean relevantes, vengan al caso, y no se utilicen simplemente para

tratar de impresionar al público con los conocimientos que uno posee (el público rechaza la pedantería).

El desarrollo debe ser equilibrado, repartiendo el tiempo entre las distintas partes que se van a exponer, evitando extenderse en demasía en un punto determinado y pasar "de puntillas" por otro igualmente importante.

Se utilizarán, si es posible, medios de apoyo (pizarra, transparencia, etc.), con idea de ir alternando la palabra con la imagen, dando movimiento a la presentación y evitando la monotonía.

ETHOS XII

CONCLUSIÓN

LA CONCLUSIÓN ES UN RECORDATORIO DEL TEMA TRATADO, DEL PUNTO DE VISTA DEFENDIDO Y DE LOS PRINCIPALES ARGUMENTOS PRESENTADOS.

La conclusión debe ser breve, destacando únicamente los puntos básicos que se han expuesto.

Mientras más se diga, menos resaltarán los aspectos claves.

La conclusión, al igual que la introducción, es una parte fundamental del discurso que debe ser preparada a conciencia.

Probablemente, cuando el público abandone la sala tan sólo recuerde de la presentación lo que se haya dicho en la conclusión.

Es conveniente tener la conclusión aprendida de memoria, de modo que se pueda desarrollar sin tener que recurrir a tarjetas de apoyo (aunque se lleven por si acaso).

Así gana en espontaneidad, en frescura, pudiendo el orador centrar todo su esfuerzo en enfatizar sus palabras, sus gestos, mirando al público, sin tener que estar consultando sus notas.

En la conclusión el orador debe emplearse a fondo, utilizando un lenguaje enfático, hablando con determinación, con entusiasmo.

Es el momento de recalcarle al público el punto central de la exposición.

A lo largo del discurso hay que controlar el tiempo con vistas a disponer al final de los minutos necesarios para poder desarrollar adecuadamente la conclusión (es el momento del lucimiento).

Es frecuente que el orador tienda a alargarse más de la cuenta y al final tenga que cerrar su discurso de forma atropellada, sin la oportunidad de poder rematarlo con una buena conclusión.

Como cierre de la intervención, se agradecerá nuevamente al público su asistencia y el interés mostrado, y uno se retirará lentamente del estrado mientras se oyen los aplausos.

Lo correcto es abandonar el mismo antes de que los aplausos finalicen, y por supuesto nada de volver al estrado con los brazos en alto haciendo el signo de la victoria, ni tampoco invitar a la familia a que suba para compartir con ellos estos breves momentos de gloria.

ENSAYO

TODA PRESENTACIÓN PÚBLICA EXIGE UNA PREPARACIÓN ADECUADA, NO SE PUEDE DEJAR NADA AL AZAR.

La diferencia puede ser entre un discurso discreto y un gran discurso.

LA REGLA FUNDAMENTAL ES ENSAYAR, ENSAYAR Y ENSAYAR.

Ensayar con seriedad permite llegar a dominar la actuación que se va a realizar, lo que contribuye a aumentar la autoconfianza y a reducir la tensión típica de los días previos a la presentación.

Ensayar no significa simplemente repasar mentalmente el texto dos horas antes de la presentación.

Ensayar implica:

Leer el discurso en voz alta, cuantas veces sean necesarias, hasta llegar a familiarizarse con él.

Exponer el discurso, recreando en todo lo posible las condiciones en las que se va a desarrollar la presentación (de memoria, con apoyo de notas, utilizando pizarra, con proyección de transparencia, con micrófono...).

Practicar la voz, los silencios, las miradas, los movimientos, las manos, los gestos de la cara, etc.

Ser capaz de mostrar serenidad, transmitir entusiasmo, saber enfatizar, mostrarse convincente, etc.

En definitiva, se ensaya no sólo para dominar el texto (evitar poder quedarse con la mente en blanco), sino con vista a sacarle todo su jugo, de conseguir conectar con el público, de motivarlo, de entusiasmarlo, etc.

Hay que ensayar incluso aunque se pretenda improvisar el discurso.

Tan sólo el dominio del mismo permitirá realizar una buena improvisación.

Resulta muy útil grabarse en video y analizar con sentido crítico la actuación:

Permite detectar fallos y poder corregirlos.

También resulta interesante ensayar con público:

Convencer a algún familiar o amigo para que esté presente en algún ensayo y que realice un análisis crítico, señalando aquello que haya ido bien y aquello otro que necesite ser mejorado.

Se debería realizar un último ensayo (el ensayo general) en el lugar en el que se va a celebrar el acto, y si es posible con participación del equipo técnico de luz y sonido.

El objetivo es familiarizarse con el entorno y coordinar todos los aspectos de la intervención.

Se ensayará hasta el día anterior al acto.

El día de la actuación es preferible descansar, ya que un ensayo de última hora, sin tiempo para corregir fallos, tan sólo sirve para aumentar el estado de nerviosismo.

ETHOS XIV

DÍA DEL ACTO

EL DÍA DEL ACTO EL ORADOR DEBE PROCURAR ENCONTRARSE EN PLENA FORMA.

La noche anterior debe dormir las horas necesarias. Hay que llegar al discurso fresco, con la mente despejada, al 100% de capacidad.

Debe ser un día relajado.

Hay que evitar actividades que resulten cansadas o que puedan generar nerviosismo.

Hay que procurar tener una agenda despejada: nada de numerosas reuniones, comités, presentación de resultados, comida de trabajo, etc. Uno llegaría al acto prácticamente "deshecho".

Se comentó en la lección anterior que el día de la presentación no se debe ensayar.

En las horas previas al discurso es conveniente estar relajado, como mucho se puede echar un vistazo rápido al guión o a las notas de apoyo.

Es conveniente comer varias horas antes de la presentación, con el fin de realizar tranquilamente la digestión.

La comida debe ser ligera, que no produzca pesadez.

Se debe evitar abusar del café (aumenta el nerviosismo) o del alcohol (aturde), ni tampoco se tomarán pastillas tranquilizantes (adormecen). Cualquiera de estas sustancias puede provocar reacciones inesperadas una vez en el escenario.

También se deben evitar, si es posible, desplazamientos fuera de la ciudad, no vaya a ser que retrasos de última hora, averías del coche..., puedan dar lugar a situaciones de retraso.

Si la presentación tiene lugar en una localidad distante es preferible desplazarse el día anterior con el fin de amanecer ya en dicho lugar y poder descansar hasta el momento de la presentación.

Si se viaja el mismo día pueden surgir imprevistos de difícil solución (el avión se retrasa, se pierde el tren, el coche no funciona, etc.).

Si no hay más remedio, se viajará con tiempo suficiente (nada de apurar hasta el último momento) y si se puede, se evitará conducir (produce cansancio).

Es conveniente acercarse al lugar del acto con tiempo de sobra, evitando prisas de última hora (no se encuentra taxi, la calle está embotellada, etc.).

Uno puede emplear estos minutos en comprobar que todo está en orden (atril, proyector, micrófono, luces, etc.).

Por último, señalar que puede resultar muy beneficioso realizar unas horas antes de la presentación alguna actividad física (correr, jugar algún deporte, etc.), ya que contribuye a quemar energías y a calmar los nervios.

PRESENTACIÓN

LO OPORTUNO ES QUE LA PERSONA RESPONSABLE DE CONDUCIR EL ACTO SEA QUIEN SE ENCARGUE DE PRESENTAR AL ORADOR, APORTANDO ALGUNOS DATOS BÁSICOS DE SU BIOGRAFÍA.

Dicha presentación, siendo, como es de esperar, halagadora, no debe caer en exageraciones que le resten credibilidad.

En la presentación se debe facilitar únicamente aquella información sobre el orador que tenga relación con el tema que se va a tratar, lo que ayudará al público a situarse.

Por ejemplo, si se va a hablar sobre negocios resulta oportuno comentar la posible experiencia que tenga el orador en este terreno, y no limitarse simplemente a decir que es negociante.

Si el orador ha recibido premios significativos, reconocimientos, etc. que tengan relación con la materia a abordar, es conveniente ofrecer esta información para que el público pueda tener una valoración más exacta de la persona que les va a hablar.

Una vez que el orador toma la palabra, empezará agradeciendo al presentador de forma sencilla sus palabras de elogio, dirigiéndole la mirada.

Por ejemplo: "muchas gracias, D. Roberto, por esas palabras tan cordiales de bienvenida".

Se debe evitar la falsa modestia: "gracias por esas palabras tan inmerecidas".

A continuación, se saludará al público, tratando de abarcar con la mirada toda la sala (si se saluda sin dirigir la mirada, mientras se ordenan las notas de apoyo, resultará un saludo muy frío y meramente protocolario).

Hay que evitar un comportamiento muy típico que consiste en subir al estrado y tomarse un tiempo (que resulta una eternidad) en organizar las notas, el micrófono, beber agua, etc., sin haber previamente saludado (resulta poco elegante).

Si nadie introduce al orador, él mismo tendrá que hacerlo.

Tras saludar al público, uno se presentará aportando algunos datos básicos de su biografía (no se trata de leer el Curriculum Vitae).

Lo que uno no hará es mencionar los posibles diplomas, condecoraciones o títulos que haya recibido, ya que puede resultar pretencioso (disponiendo al público en contra).

No hay que olvidar que el público premia la humildad y aborrece la ostentación.

ETHOS XVI

EL DISCURSO
Y
LA PRESENTACIÓN

EL DISCURSO NO CONSISTE SIMPLEMENTE EN LEER UN TEXTO (PARA ESO SERÍA MÁS FÁCIL REPARTIR FOTOCOPIAS A LOS ASISTENTES), SINO EN EXPONER DE MANERA CONVINCENTE UNAS IDEAS.

El discurso hay que interpretarlo, hay que sacarle todo su "jugo", hay que enfatizar, entusiasmar, motivar, convencer, persuadir, etc.

La presentación tiene que ir encaminada a captar (y mantener) la atención del público y a facilitar la comprensión del mensaje.

No se trata de asombrar al público con lo que uno sabe, con la riqueza del vocabulario que emplea, con la originalidad del estilo que utiliza.

Lo que hay que tratar es de llegar al público de la manera más directa, más fácil y, a la vez, más sugerente.

El orador tiene que cuidar el ritmo de su presentación, tratando de mantener la emoción y la atención del público durante toda la intervención, evitando atravesar por momentos de gran intensidad, seguidos por momentos de escaso intereses (se arriesgaría a perder la atención de la audiencia).

La persona que presenta tiene que ser muy consciente de que además de utilizar un leguaje verbal (lo que dice, cómo lo dice, vocabulario empleado, entonación, volumen de voz, énfasis,

etc.), utiliza también un lenguaje corporal que el público capta con igual claridad (gestos, movimientos, expresiones, posturas, posición en el estrado, etc).

La mayoría de las veces uno no es consciente de este lenguaje corporal por lo que resulta muy difícil controlarlo. No obstante, dada su importancia es un aspecto que hay que trabajar en los ensayos.

Desde el momento en el que el orador sube al estrado el público comienza a fijarse y a analizar multitud de factores (como se mueve, su grado de nerviosismo, como va vestido, su tono y volumen de voz, sus gestos, seriedad o sonrisa, etc.) y con todo ello se va formando una imagen del orador que puede considerar interesante, aburrida, sugerente, intrascendente, atractiva, patética, ridícula, etc.

Esta imagen que el público se forma influye decisivamente en el interés que va a prestar a la intervención, así como en su predisposición a aceptar o no las ideas presentadas.

Si esta imagen es positiva, el público será mucho dispuesto a aceptar los argumentos presentados, mientras que si es negativa tenderá a rechazarlos o a no prestarles atención.

El orador debe proyectar una imagen de profesionalidad, de desenvoltura, de dominio de la materia, etc.

El orador debe mostrar entusiasmo: es una manera de reforzar sus ideas, además el entusiasmo es contagioso y dispone al público a favor.

Hay que mostrar un rostro amable, una sonrisa (ayuda a ganarse al público) y evitar gestos antipáticos (provocan rechazos).

En la valoración global del discurso el público no sólo tendrá en cuenta las ideas expuestas y la solidez de los argumentos, sino también la imagen del orador.

Por ello, no resulta lógico trabajar intensamente en el texto del discurso y al mismo tiempo descuidar otros detalles igualmente importantes.

Dentro de la comunicación verbal hay que destacar la importancia de los silencios:

El silencio juega un papel fundamental en toda comunicación verbal, por lo que hay que saber utilizarlo de forma adecuada.

El silencio se debe utilizar de forma consciente (para establecer pausas, destacar ideas, dar tiempo a la audiencia a asimilar un concepto, romper la monotonía de la exposición, etc.).

El silencio no se puede utilizar aleatoriamente, sin un fin determinado, ya que lo único que haría sería interferir en la comunicación, dificultándola.

Hay que vencer el miedo que sienten muchos oradores que evitan el silencio a toda costa (piensan que rompen la comunicación).

Una regla que debe presidir toda presentación es la de la naturalidad.

Al público le gusta ver en el orador a una persona normal, cercana.

El público se suele mostrar muy tolerante con los errores normales que se puedan cometer (los atribuirá a los nervios típicos del momento), pero si hay algo que rechaza es la artificialidad, la pomposidad, la antipatía y el aburrimiento.

Por último, señalar algunas cosas que el orador debe tener disponible cuando sube al escenario:

Vaso de agua (para aclarar la voz)

Reloj (para controlar el tiempo; lo situará en un sitio visible donde pueda consultarlo de forma discreta).

Pañuelo (para secarse los labios después de beber o por si se estornuda -imagínese un ataque de tos, una nariz que comienza a gotear... y el orador sin pañuelo-).

ETHOS XVII

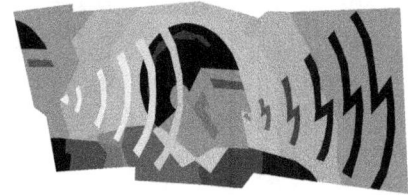

LA VOZ

DURANTE LA PRESENTACIÓN HAY QUE CUIDAR LA VOZ:

Una voz monótona, desagradable, un volumen bajo, etc. lleva a la audiencia a desconectarse.

Normalmente uno no conoce su propia voz, de ahí que se sorprenda cuando se escucha en una grabación.

Oírse en una grabación es muy útil ya que permite familiarizarse con la voz, oírla como la oyen los demás. Es la manera de conocer como suena, como resulta, que defectos hay que corregir.

Dominar la voz sólo se consigue con ensayo:

Grabando el discurso y oyéndolo, lo que permite detectar fallos (se habla muy rápido, no se vocaliza suficientemente, se habla muy bajo, se tiende a unir palabras, etc.) y poder tratar de corregirlos.

También es interesante preguntarle a alguien su opinión.

Una vez detectados los fallos se trabajará sobre ellos con vistas a mejorar la calidad de la voz.

Aunque la voz sea difícil de cambiar, si se pueden mejorar algunos defectos que dificultan su comprensión o que la hacen

poco atractiva (una voz nasal, una voz excesivamente fina o ronca, etc.).

Hay que saber modular la voz: subir y bajar el volumen, cambiar el ritmo, acentuar las palabras; todo ello ayuda a captar la atención del público.

Hay que jugar con la voz para enfatizar los puntos importantes del discurso, destacar ideas, introducir nuevos argumentos, contar anécdotas, resaltar las conclusiones, etc.

Por ejemplo, si se realiza una afirmación hay que hablar con determinación (voz firme, alta, sin titubeos); en otras partes del discurso (una explicación, una anécdota, etc.) se puede utilizar un tono más distendido, más relajado.

Hay que hablar claro, esforzarse en vocalizar con mayor precisión que de costumbre, remarcar los finales de palabra, etc. Un aspecto que hay que cuidar especialmente es el volumen:

En la vida ordinaria uno suele hablar con personas muy próximas, lo que determina que uno se acostumbre a hablar bajo.

Cuando se habla en público hay que hacer un esfuerzo por hablar más alto (aspecto que hay que cuidar en los ensayos).

Hay que conseguir que la voz llegue con claridad a toda la sala.

Un fallo que se suele cometer es empezar las frases con un volumen elevado e ir disminuyéndolo a medida que se avanza,

de modo que el final de la frase parece como si careciese de importancia.

En los ensayos hay que vigilar este problema y tratar de corregirlo.

También es muy frecuente hablar demasiado rápido, tendencia que se intensifica cuando se habla en público (debido a los nervios).

Dificulta la comprensión y proyecta una imagen de nerviosismo.

En los ensayos hay que vigilar este aspecto. Hablar lento facilita la comprensión, proyecta una imagen de seguridad y ayuda a calmar los nervios.

Hay que estar muy atento al comienzo de la presentación: si se empieza hablando pausadamente es posible que se consiga mantener esta línea a lo largo de toda la presentación.

Cuando la audiencia es medianamente numerosa (más de 50 personas) es conveniente utilizar micrófono, lo que exige una cierta práctica:

El micrófono hay que mantenerlo siempre a la misma distancia de la boca (si se acerca y se aleja el volumen presentará oscilaciones).

Hay que cerciorase de que el volumen del micrófono es el adecuado y que la voz llega con claridad a toda la sala (lo mejor

es preguntarle al público al comienzo de la presentación si se oye con claridad).

Si uno habla bajo no debe recurrir a elevar el volumen del micrófono, sino que tendrá que esforzarse en hablar más alto.

Una regla de oro cuando se habla en público es la naturalidad:

El público agradece la naturalidad y aborrece la afectación.

Si uno tiene acento no tiene por qué ocultarlo (espontaneidad), pero tampoco exagerarlo (dificultaría la comprensión).

85

ETHOS XVIII

LENGUAJE

HAY QUE UTILIZAR UN LENGUAJE
APROPIADO PARA EL PÚBLICO AL QUE UNO SE
DIRIGE, YA QUE LO PRIMERO QUE UNO DEBE
PROCURAR ES SER ENTENDIDO. DE AHÍ LA
IMPORTANCIA DE TENER UNA CIERTA IDEA
DEL TIPO DE PÚBLICO QUE SE ESPERA QUE
ASISTA AL ACTO.

Por ello, no se deben utilizar términos y expresiones que parte
del público pueda no entender.

Únicamente se emplearán términos técnicos si la audiencia
conoce su significado.

Si se utilizan abreviaturas o acrónimos hay que estar seguro de
que el público sabe lo que significan, si no habrá que
explicarlos.

No se deben utilizar palabras extranjeras salvo que no hubiera
un equivalente en castellano, en cuyo caso hay que saber
pronunciarlas correctamente.

Hay que evitar a toda costa resultar pedante (molesta al público).

El objetivo del discurso es ganarse al público con las ideas, no
tratar de asombrarlo con nuestro vasto dominio del idioma. Hay
que huir de un lenguaje rebuscado o frases complicadas.

Hay que evitar emplear "coletillas" que a veces se intercalan continuamente en la conversación sin que uno sea consciente (ya ves, entiendes, me sigues, etc.).

El efecto que producen es terrible (bastaría que uno se oyese en una grabación para darse cuenta de esto).

La regla que debe presidir todo discurso es la de la sencillez.

Mientras que en un texto escrito el lector puede volver sobre un párrafo que no haya entendido, en un discurso no existe tal posibilidad, por lo que hay que facilitarle a la audiencia su comprensión.

El lenguaje debe ser preciso y directo, con frases sencillas y cortas, utilizando tiempos verbales simples.

En definitiva, el público aprecia la sencillez y aborrece la pedantería.

ETHOS XIX

MIRADA

CUANDO SE HABLA EN PÚBLICO LA MIRADA JUEGA UN PAPEL FUNDAMENTAL.

Es un excelente medio de conexión entre la persona que habla y la audiencia.

Al público le gusta que la persona que le habla le dirija la mirada.

El orador que no mira al público da la impresión de tener miedo o de falta de interés.

Cuando se mira al público hay que intentar presentar una imagen abierta, agradable, optimista, sonriente.

La simpatía conquista el corazón del público.

Al subir al estrado lo primero que hay que hacer es saludar al público, mirándole a los ojos.

Hay que tratar de abarcar con la mirada toda la sala, enfocando las distintas zonas (pero evitando hacer un efecto "barrido" como si fuera un faro de luz).

En lugar de mirar difusamente a la masa, hay que tratar de individualizar rostros concretos, moviendo la mirada entre el público y fijándola en personas determinadas, tratando de dar cobertura a toda la audiencia.

A veces, de manera inconsciente, se comete el fallo de dirigir la mirada preferentemente a una zona determinada de la sala (por ejemplo, al público que está sentado en las primeras filas, o a la parte derecha del auditorio).

El resto del público puede llegar a pensar que no se le está prestando la debida atención.

La ventaja de improvisar el discurso, utilizando notas de apoyo, en lugar de leerlo, es que resulta mucho más fácil mirar al público.

En todo caso, aunque el discurso sea leído hay que tratar de mantener un contacto visual con la audiencia (uno no puede enfrascarse en la lectura y no levantar la vista del papel; resulta poco elegante y el público terminaría desconectando).

En los momentos de silencio hay que mirar al público.

Permite intensificar la conexión "orador-audiencia".

Mientras alguien formule una pregunta se le dirigirá la mirada, pero cuando se responda se mirará a toda la audiencia (todos pueden estar interesados en conocer la respuesta).

ETHOS XX

LENGUAJE CORPORAL

YA SE HA COMENTADO EN UNA LECCIÓN ANTERIOR QUE ADEMÁS DEL LENGUAJE VERBAL, EXISTE UN LENGUAJE CORPORAL (MOVIMIENTOS, GESTOS, ACTITUDES, ETC.) DEL QUE MUCHAS VECES UNO NO ES CONSCIENTE, NI SABE MUY BIEN COMO FUNCIONA.

 A través de este lenguaje corporal, el orador transmite también mensajes: nervios, timidez, seguridad, confianza, dominio, entusiasmo, dudas, etc.

Desde el momento en el que uno accede al escenario, el movimiento de las manos, la expresión de la cara, la postura, los movimientos en el estrado, la mirada, etc. todo ello está transmitiendo mensajes diversos.

El público los capta con total nitidez.

A veces puede suceder que estos mensajes sean contrarios a lo que el orador está tratando de comunicar con el lenguaje verbal.

Por ejemplo, el presidente de la compañía les está diciendo a sus empleados que lo que más le preocupa es el bienestar de ellos, pero en ningún momento se toma la molestia de mirarlos a la cara.

La mejor forma de percibir este lenguaje corporal es grabándose en vídeo.

Muchos se sorprenderían: tics nerviosos, manos inquietas que no paran de moverse, gesto contrariado, mirada al techo, inmovilismo, etc.

Por tanto, dada la importancia que tiene en la comunicación, es un aspecto que hay que trabajar convenientemente en los ensayos.

Desde que uno sube al estrado debe ser capaz de utilizar este lenguaje corporal en sentido positivo, facilitando la conexión con el público, reforzando su imagen.

Hay que transmitir serenidad y naturalidad, evitando gestos, actitudes o movimientos que resulten afectados.

Hay que subir al estrado con seguridad, con tranquilidad (las prisas denotan nerviosismo e inseguridad).

Durante la presentación es conveniente moverse por el escenario, no quedarse inmóvil, pero controlando los movimientos, evitando deambular sin ton ni son. La movilidad rompe la monotonía y ayuda a captar la atención del público.

Si el discurso es leído no cabe la posibilidad de movimiento, pero sí se debe mantener una postura cómoda, erguida, aunque natural, no forzada, sin aferrarse al atril (sensación de inseguridad).

Si el orador está sentado tratará de incorporarse a fin de realzar su figura y no quedar perdido tras la mesa (para establecer una comunicación con el público es fundamental el contacto visual).

Si es posible (por ejemplo en un aula) es aconsejable moverse entre el público, ayuda a romper las distancias, transmitiendo una imagen de cercanía.

Hay que tratar de superar la timidez, transmite inseguridad y dificulta la conexión con el público.

Los gestos de la cara deben ser relajados: una sonrisa sirve para ganarse al público, mientras que una expresión crispada provoca rechazo.

El movimiento de las manos debe estar ensayado. Tan mala impresión producen unas manos que no paran de moverse, como unas manos inmóviles.

Los movimientos deben ser sobrios. Las manos se utilizarán para enfatizar aquello que se está diciendo, de manera que voz y gestos actúen coordinadamente, remarcando los puntos cruciales del discurso.

La propia situación del orador en el escenario transmite también mensajes subliminales:

De pie, en el centro del escenario: autoridad.

Sentado, en un lateral del escenario: actitud más relajada, menos solemne.

ETHOS XXI

IMAGEN

ADEMÁS DEL LENGUAJE VERBAL Y CORPORAL, EL ORADOR TAMBIÉN TRANSMITE UNA IMAGEN PERSONAL QUE SERÁ VALORADA POSITIVA O NEGATIVAMENTE POR EL PÚBLICO.

HAY QUE TRATAR DE PROYECTAR UNA IMAGEN POSITIVA.

Una imagen agradable, abierta (aunque uno sea un tímido empedernido), atractiva, etc., es valorada favorablemente por el público y ayuda a ganarse su estima.

Una imagen descuidada, hosca, antipática, pone al público en contra (aunque comparta las ideas expuestas).

El orador debe vestir de forma apropiada para la ocasión:

Si se trata de un acto formal, vestirá con traje.

Si se trata de acto informal, podrá vestir de manera cómoda, deportiva, etc.

Hay que tratar de no desentonar con el público asistente.

El orador tiene que informarse de cómo debe ir vestido. En caso de duda es preferible adoptar la opción más conservadora.

Una vez definido el estilo (formal o casual), el orador tratará de vestir algo mejor que la mitad del público asistente (no en balde es el protagonista).

Tiene que sentirse cómodo, a gusto con su apariencia. Esto acrecienta su autoconfianza y le permite luchar contra la inseguridad.

No obstante, debe evitar todo exceso (no se trata de ir hecho un figurín). La imagen debe realzar su figura, pero sin llegar a eclipsarla (el público tiene que prestar atención al discurso y no distraerse con un atuendo espectacular).

La imagen también debe estar en consonancia con el mensaje que se quiere transmitir:

Detalles que uno cuida en su vida ordinaria, deben recibir una especial atención cuando se va a hablar en público:

Bien peinado, bien afeitado, dentadura reluciente, zapatos limpios, los botones abrochados, corbata bien colocada, etc.

Antes de subir al estrado es conveniente realizar una última revisión, por si acaso (¿cierre del pantalón bajado?).

Hay que evitar cualquier detalle que pueda afectar negativamente a la imagen.

Por ejemplo, si el orador es de baja estatura debe cuidar que el atril que utilice sea el apropiado (que no quede oculto detrás).

Si intervienen dos personas al mismo tiempo con diferencias de estatura considerables, es conveniente que se sitúen algo separado para evitar resaltar el contraste.

ETHOS XXII

MEDIOS DE APOYO VISUAL

EL ORADOR PUEDE APOYAR EL DISCURSO UTILIZANDO DISTINTOS MEDIOS VISUALES: PIZARRA, TRANSPARENCIA, PANTALLA DEL ORDENADOR, ETC.

Sirven para captar la atención del público (rompen la monotonía).

Facilitan la comprensión.

Enriquecen la presentación.

Ayudan a transmitir una imagen de profesionalidad.

Dan seguridad al orador (cuenta con material de apoyo).

El orador tiene que saber cuándo y cómo emplear estos medios visuales.

Pueden servir de apoyo al discurso (ayudan a captar la atención del público) o pueden convertirse en un obstáculo (distraen).

En su uso debe ser más importante la simplicidad:

Se utilizan para clarificar y hacer más comprensible la exposición; esto sólo se consigue con imágenes sencillas (si son complejas y difíciles de interpretar, en lugar de aclarar confunden más).

Se deben utilizar imágenes con colores: permiten resaltar los más relevantes, remarcar las diferencias y hacen que la imagen resulte más atractiva.

Este material de apoyo debe ser eso, un apoyo al discurso, y no convertirse en la base de la presentación.

No pueden restar protagonismo al orador.

Si se va a utilizar material de apoyo, hay que emplearlo en los ensayos.

 En los ensayos hay que recrear las condiciones en las que se va a desarrollar la presentación.

 El uso de este material de apoyo requiere una práctica que sólo con el ensayo se consigue.

Puede ocurrir que al contar el orador con material de apoyo se sienta más tranquilo y le lleve a desatender el ensayo: no se puede caer en este error.

Hay que tener prevista la posibilidad de que en el momento de la presentación no funcione el proyector.

Para evitar una situación tan difícil como ésta (por remota que parezca) el orador, además de preparar el discurso contando con estos elementos de apoyo, debe ensayarlo también sin la ayuda de los mismos.

Es decir, tiene que estar preparado para, si es necesario, desarrollar su discurso sin emplear estos apoyos visuales.

La pantalla o pizarra se situará en el centro del escenario para facilitar su visión desde todos los ángulos.

Mientras explica la imagen, el orador se situará al lado de la pantalla para que el público pueda verle al tiempo que sigue la explicación, sin tener que ir mirando de un sitio a otro (podría llegar a perder la atención en el orador).

El orador, mientras explica la imagen, estará mirando al público y no de espalda contemplando la pizarra o la pantalla.

Si se van a proyectar transparencias o se van a realizar demostraciones en la pizarra, se debería indicar al público al comienzo de la presentación que a la salida van a recibir copia de este material.

Se trata de evitar que se pasen toda la sesión tomando apuntes, ya que le impediría prestar la atención debida.

Veamos algunos elementos de apoyo.

Por ejemplo: La Pizarra

Permite desarrollar una explicación paso a paso.

Sólo se empleará con grupos reducidos (no más de 40 personas).

Cuando se utiliza hay que tener en cuenta:

Escribir con letra clara y grande, que sea fácil de entender.

Es conveniente utilizar varios colores: por ejemplo azul y rojo (uno para escribir y otro para subrayar).

Mientras se escribe, hay que situarse en un lateral para tapar lo menos posible.

Ir leyendo lo que se vaya escribiendo (facilita su seguimiento).

Una vez que se termine de escribir, uno se volverá rápidamente hacia la audiencia, colocándose al lado de la pizarra.

ETHOS XXIII

TARJETAS DE APOYO

CUANDO UNO HABLA EN PÚBLICO, SI SE LIMITA A LEER EL DISCURSO RESULTARÁ MUY ABURRIDO (FALTA DE ESPONTANEIDAD Y DE IMPROVISACIÓN).

Es recomendable improvisar, aunque en este caso se corre el riego de quedarse en blanco (situación temida por cualquier orador).

Esto se puede evitar llevando tarjetas de apoyo.

Por una parte se dispone de un guión que recoge los puntos que uno quiere tratar, reduciendo al mínimo la posibilidad de olvidos. Da seguridad al orador y le ayuda a calmar los nervios.

Por otra parte, le permite desarrollar el discurso sobre la marcha (improvisar). Esto le facilita introducir nuevas ideas, resultar más espontáneo.

El uso de tarjetas de apoyo es especialmente aconsejable en presentaciones de cierta duración (más de 30 minutos).

Confiar únicamente en la memoria implica correr un riesgo excesivo (quedarse en blanco, perder la línea argumental, olvidar tratar algunos de los puntos principales, etc.).

En la preparación de las tarjetas de apoyo conviene tener en cuenta:

Utilizar letra grande, clara, que sea fácil de leer con un simple vistazo.

Deben ser muy escuetas, recogiendo palabras claves, ideas básicas, etc, que sirvan de guía al orador. Hay que evitar tarjetas muy recargadas que dificulten su rápida consulta.

Se escribirán por una sola cara, para no tener que darles la vuelta (resulta más discreto).

Es conveniente utilizar papel duro, de tamaño cuartilla o menor, ya que son más fáciles de manejar y se arrugan menos.

Las tarjetas se dispondrán de manera ordenada e irán numeradas, para evitar que se puedan desordenar y no sepa el orador cual es la que viene a continuación.

En los ensayos se deben utilizar las tarjetas de apoyo que más adelante se van a emplear en la presentación (permite familiarizarse con su uso).

No hay que esconder las tarjetas de apoyo, fingiendo que no se utilizan.

El público entiende perfectamente que es natural que el orador se sirva de un pequeño guión para desarrollar su discurso.

Se irán pasando discretamente y se irán amontonando en un lateral (sin darles la vuelta).

Aunque se preparen tarjetas de apoyo para la introducción y la conclusión, habría que tratar de no tener que recurrir a ellas.

Son las dos partes más importantes del discurso y es preferible desarrollarlas de memoria, para poder poner todo el énfasis en su exposición (mirar una nota, aunque sea un instante, resta espontaneidad).

ETHOS XXIV

CAPTAR
LA ATENCIÓN
DEL PÚBLICO

EL ORADOR DEBE TRATAR DE ACERCAR EL DISCURSO A LA AUDIENCIA, DE ROMPER DISTANCIAS.

Tiene que intentar ganarse al público, con independencia de que éste coincida o no con las tesis defendidas.

Esto ayuda a captar su atención y a predisponerle favorablemente hacia los puntos de vista del orador.

Al público se le gana con amabilidad y simpatía.

Saludar al público en cuanto se sube al estrado, mirándole, agradeciéndole sinceramente su presencia.

Agradecer públicamente la presencia de alguna persona o grupo que se haya desplazado desde lejos.

Mostrar una imagen amable (en la expresión, en la voz).

Mirar al público (permite fortalecer la comunicación).

Contar anécdotas que resulten cercanas (que afecten a gente que el público conoce, que hayan tenido lugar en dicho localidad, etc.).

Introducir en el discurso toques finos de humor (humaniza el discurso, lo acerca al público); tienen cabida aunque se esté tratando un tema serio (ayuda a quitarle dramatismo).

Si hay un intermedio aprovecharlo para compartir con el público asistente.

Al final de la presentación volver a dar las gracias por la atención prestada.

También uno se puede ganar al público dándole participación, evitando que el discurso sea un monólogo.

Planteando preguntas o dándoles a ellos la posibilidad de preguntar.

El orador deberá estar permanentemente vigilante de la reacción del público, tratando de detectar inmediatamente cualquier señal de pérdida de atención (mirar al reloj, leer un papel, hablar con el vecino, etc.).

Si la desconexión se mantiene, será cada vez más difícil volver a captar su atención (al público le resultaría muy difícil retomar el hilo del discurso aunque quisiera), de ahí la necesidad de reaccionar inmediatamente.

Cambiando el tono, enfatizando, contando una anécdota, proyectando una transparencia, formulando una pregunta o incluso haciendo una pausa (si la presentación va a ser larga).

ETHOS XXV

FLEXIBILIDAD
E
IMPROVISACIÓN

EN LECCIONES ANTERIORES SE HA
COMENTADO LA IMPORTANCIA DE ENSAYAR
PARA PODER LLEVAR EL DISCURSO
PERFECTAMENTE PREPARADO Y NO DEJAR
NADA AL AZAR.

No obstante, esto no significa que el orador no pueda improvisar, apartarse un poco del guión (el discurso gana en frescura).

Se le pueden ocurrir ideas nuevas, acordarse de anécdotas curiosas, etc.

Puede tratar de conectar su discurso con las ideas expuestas por otro orador que le haya precedido.

A veces las cosas no resultan tal cómo estaban previstas y el orador tiene que ser capaz de reaccionar con agilidad.

Hay situaciones que uno puede anticipar y para las que debería ir ya preparado.

Preparando material adicional por si en el último momento le comunican que se amplía el tiempo de su intervención.

Identificando partes del discurso que se podrían suprimir si, al contrario, acortan el tiempo de su intervención.

Preparando anécdotas, ejemplos alternativos, etc., por si algún orador anterior le "menciona" aquellas que pensaba utilizar.

En el caso de que vaya a emplear material visual de apoyo (transparencias, ordenador, etc.), además de preparar el discurso contando con ellos, debería ensayarlo también sin ningún tipo de apoyo, por si llegado el momento el proyector no funciona, no hay disponible un ordenador, etc.

En otras ocasiones, surgen imprevistos que hay que solucionar sobre la marcha (un ataque de tos, un hipo persistente, un vaso de agua que se derrama sobre las notas, etc.).

El orador debe reaccionar con naturalidad; el público es comprensivo y se hace cargo de la situación.

Puede resultar muy útil recurrir al sentido del humor para quitar importancia a lo sucedido.

Lo importante sobre todo es no perder la calma y no alterarse (La risa es contagiosa).

Puede ocurrir que durante la presentación surja un imprevisto que obligue a interrumpirla momentáneamente (el micrófono se estropea, suena una alarma, etc.).
El orador interrumpirá su exposición hasta que las condiciones le permitan proseguir.

No debe continuar contra viento y marea como si nada sucediera, ya que llevaría a que la audiencia se pierda una parte del discurso (además, la imagen del orador luchando contra los elementos resulta un tanto patética).

En estas situaciones el orador debe reaccionar con naturalidad, interrumpiendo su exposición, pero sin mostrar contrariedad.

Mientras la situación se mantenga, tratará de llenar el tiempo con algunos comentarios, quitándole importancia a lo sucedido, contando alguna anécdota sobre alguna situación parecida que hubiera vivido, etc.

Por último, si a uno le invitan a hablar sin tener nada preparado puede salir del paso con espontaneidad, dirigiendo unas breves palabras (saludar a los presentes, dar las gracias por la oportunidad de dirigir unas palabras, hacer un par de comentarios sobre el tema de la reunión y volver a dar las gracias; el público no esperará nada más).

ETHOS XXVI

REACCIÓN
DEL PÚBLICO

A LO LARGO DE TODA LA PRESENTACIÓN EL ORADOR TIENE QUE ESTAR ATENTO A CÓMO REACCIONA EL PÚBLICO (CON INTERÉS, CON ABURRIMIENTO, CON SIMPATÍA, CON APROBACIÓN, CON RECHAZO, ETC.)

Lo peor que puede ocurrir es no conseguir captar su atención (es peor incluso a que el público manifieste su desacuerdo con la opinión presentada).

Si el público no muestra interés, no es posible la comunicación.

Hay que captar la atención del público en el primer momento de la presentación. Si no se consigue entonces, difícilmente se va a lograr más tarde.

Por tanto, hay que emplearse a fondo: saludar amablemente, preparar una introducción sugerente, jugar con la voz, con los gestos, mirada, anécdotas, etc.

Al primer indicio de que el público pierde atención hay que reaccionar con prontitud.

Si el público desconecta definitivamente va a ser muy difícil volver a conquistarle (aunque quisiera, le resultaría difícil).

Al público que está más alejado resulta más difícil ganárselo, de ahí la conveniencia, si es posible, de moverse entre el público, acercando su presencia a la audiencia.

La extensión del discurso juega en contra de la atención del público.

Importancia de la brevedad.

Esto no quiere decir que el discurso tenga que ser necesariamente corto; durará lo que tenga que durar, pero no debe extenderse innecesariamente.

Es posible que el público manifieste discrepancia con la tesis del discurso.

Cuando el orador prepara su intervención debería anticipar su posible reacción (normalmente uno sabe cuando sus ideas pueden resultar polémicas), y en el caso previsible de que haya desacuerdo tratar de conocer los motivos.

Esto permite al orador llevar preparadas las respuestas a las posibles críticas.

Si la reacción contraria del público hubiera sido totalmente imprevista y el orador ignorase sus razones, lo mejor es preguntarle directamente el porqué de su rechazo.

Hay que darle al público la oportunidad de que exponga sus planteamientos; escucharle con atención, comentando a

continuación que se trata de un razonamiento respetable, aunque diferente al punto de vista que uno sostiene.

Lo que no se puede hacer es aceptar las críticas tal cual, ya que debilitaría la posición del orador (perdería autoridad).

Tampoco éste debe atrincherarse en sus posiciones, criticando duramente los argumentos expuestos por el público e iniciando una discusión que termine crispando aún más los ánimos.

Un acto público no es el lugar más oportuno para una discusión acalorada. Muchas veces con prestar al público la atención debida es más que suficiente para ganarse su simpatía y respeto, aunque siga discrepando de los argumentos expuestos.

En todo caso, el orador no debe confundir la reacción contraria de una persona concreta con una opinión contraria generalizada.

Cuando finaliza la intervención el público suele aplaudir. El orador dará las gracias sinceramente, mirando al público, y se retirará discretamente.

Nada de esperar hasta que finalicen los aplausos, ni de volver al estrado a recibir una nueva ovación.

Hay que evitar gestos del tipo de levantar las manos en señal de victoria, llevarse las dos manos al corazón, etc., ni se deben hacer comentarios del tipo "que exagerados son", "no es para tanto", "como los quiero".

Una vez finalizada la presentación resulta interesante pedirle a alguien que haya asistido que de su opinión sincera de cómo lo hizo (puntos fuertes y puntos a mejorar).

ETHOS XXVII

SITUACIONES DIFÍCILES
SON
OPORTUNIDADES

AUNQUE NO ES NORMAL QUE OCURRA, EN OCASIONES PODRÍA SUCEDER QUE UNA PERSONA DEL PÚBLICO INCREPE CON DUREZA AL ORADOR.

Si este ataque se produce en mitad del discurso, interrumpiendo, lo apropiado es pedirle que espere al turno de preguntas para exponer su punto de vista.

Si esta persona mantiene su actitud, habrá que indicarle educadamente que tenga la amabilidad de abandonar la sala, disculpándose uno ante el público por la interrupción.

Si el ataque se produce una vez finalizada la intervención, en el turno de preguntas, habrá que indicarle educadamente que el estilo empleado no es admisible y que por tanto no se le responderá hasta que no utilice un tono correcto.

Si se mantiene en su actitud se le puede ofrecer la posibilidad de discutir el tema personalmente una vez concluida la sesión, y si insiste habrá que pedirle que abandone la sala.

El orador debe estar dispuesto a aceptar críticas, lo que no tiene que admitir bajo ningún concepto, y menos en público, es que se le falte al respecto.

Lo importante, en momentos tan delicados y desagradables, es mantener la calma y la educación, evitando responder con ironía o desprecio. No hay que darle al ofensor la más mínima excusa para que persista en su actitud.

Hay que tratar de no alterarse y menos aún de iniciar una trifulca en público (aunque se tenga razón).

En situaciones de este tipo el público suele reaccionar a favor del orador (quien ha sido verbalmente agredido), aun cuando discrepe de sus argumentos.

Si en la sala se produce una situación tumultuosa hay que apelar a la audiencia a que se tranquilice

ETHOS XXVIII

PREGUNTAS Y RESPUESTAS

EL PÚBLICO AGRADECE LA POSIBILIDAD DE PODER FORMULAR PREGUNTAS SOBRE AQUELLOS ASPECTOS QUE NO LE HAYAN QUEDADO CLARO O SOBRE LOS QUE NO ESTE DE ACUERDO.

La opción de preguntar enriquece la intervención, consigue involucrar más a la audiencia y transmite una imagen de seguridad, de dominio de la materia.

Si no se domina suficientemente el tema tratado, habrá que evitar a toda costa el turno de preguntas, ya que se corre el riego de no salir airoso del enlace.

Al principio de la presentación se indicará si se puede interrumpir cuando surja alguna duda o si habrá al final un turno de preguntas.

La posibilidad de interrumpir puede ser preferible cuando se esté tratando un tema técnico, complejo, resolviendo las dudas tan pronto se presenten, lo que permite al público seguir con mayor facilidad el razonamiento expuesto.

Esta opción presenta como inconvenientes que las interrupciones pueden impedir que el razonamiento se desarrolle con fluidez, lo que puede perjudicar a parte del público; además, las interrupciones dificultan controlar el tiempo de la

presentación, con el peligro de llegar a agotarlo sin haber finalizado la presentación.

Un turno de preguntas al finalizar la presentación permite que ésta se desarrolle con continuidad, sin interferencia, y facilita al orador a controlar mejor su tiempo.

Si se opta por un turno de preguntas al final de la sesión:

Se indicará el tiempo disponible.

Se invitará a la audiencia a que plantee sus dudas. Si nadie interviene, y tras una espera prudencial, el orador puede realizar alguna pregunta general (por ejemplo, si tal o cual punto ha quedado claro, o si la exposición ha sido fácil de seguir) con vistas a animar a la audiencia a que participe.

Hay que evitar que unas pocas personas monopolicen el turno de preguntas, tratando de que intervenga el mayor número posible de personas.

Mientras se formula la pregunta el orador mirará a la persona que la plantea, pero cuando responda mirará a toda la audiencia.

Las preguntas se deben contestar con claridad, con precisión, evitando divagar (permite aprovechar mejor el tiempo y que se puedan formular más preguntas).

Cuando se responde una pregunta, se puede preguntar al público si alguien quiere añadir algo (de esta manera se le da más participación, más protagonismo).

El orador debe contestar siempre con educación, aunque la pregunta formulada carezca totalmente de interés o haya sido ya planteada.

Si alguien formula una pregunta que nada tiene que ver con el tema tratado, se le indicará amablemente que la pregunta planteada no es pertinente.

Cuando se responde una pregunta, se dará la oportunidad a la persona que la planteó a insistir sobre el tema (por si algo no le ha quedado claro o por si no está conforme con la respuesta).

Si este intercambio de puntos de vista comienza a prolongarse, habría que tratar de cortar, ofreciendo la posibilidad a dicha persona de continuar analizando el tema una vez finalizada la sesión (se trata de evitar agotar el turno de preguntas discutiendo un solo punto).

Si el orador no sabe cómo contestar una pregunta debe evitar mostrar nerviosismo o contrariedad.

Indicará con total naturalidad que desconoce la respuesta y solicitará al público asistente si alguien puede responder.

Si nadie contesta, el orador se comprometerá a analizar el tema planteado y a dar una respuesta a la mayor brevedad posible.

Lo que no puede hacer bajo ningún concepto es inventarse la respuesta (podría ser desenmascarado).

El público valora la sinceridad y comprende que el orador puede desconocer algún aspecto determinado del tema tratado.

Cuando el tiempo disponible se esté agotando, el orador señalará que tan sólo queda tiempo para dos preguntas más.

Una vez finalizado el turno de preguntas se agradecerá nuevamente al público su asistencia y se dará por concluido el acto.

Si por falta de tiempo no es posible un turno de preguntas, el orador puede ofrecerse a, una vez finalizado el acto, quedar a disposición del público para contestar cualquier pregunta que pueda tener.

ETHOS XXIX

DEBATE

UNA VEZ FINALIZADA LA INTERVENCIÓN SE PUEDE ORGANIZAR UN DEBATE ENTRE EL PÚBLICO ASISTENTE PARA ANALIZAR EL TEMA TRATADO.

Mientras que en el turno de preguntas el público pregunta y el orador contesta, en el debate todos pueden participar exponiendo sus puntos de vista.

Para que el debate se desarrolle de forma eficaz es necesario que el número de asistentes sea reducido (no más de 20/25 personas).

El público debe estar situado de forma que facilite la participación de todos ellos.

En torno a una mesa (si su número es reducido) o en semicírculo (si su número es mayor).

Antes de iniciar el debate, el moderador introducirá a las personas asistentes o les pedirá que ellos mismos lo hagan.

De cada uno de ellos se facilitará aquella información que resulte relevante (formación académica, experiencia, etc.) y que permita al resto de asistentes tener una idea sobre los demás participantes.

El moderador puede iniciar el debate planteando alguna pregunta genérica o pidiéndoles a los asistentes que den su opinión sobre el tema tratado.

El moderador debe controlar la marcha del debate con vistas a que en el tiempo previsto puedan abordar la mayoría de los aspectos relevantes (de ahí la importancia de tener un guion elaborado con los puntos que se quieren tratar).

También debe preocuparse por mantener su intensidad, interviniendo si fuera necesario (lanzando nuevos temas, realizando preguntas, etc.).

En su papel de moderador, el orador debe mostrar máxima corrección y educación, pero actuando con firmeza si fuera necesario (reconduciendo el debate si comenzara a desviarse del tema tratado, corrigiendo a algún asistente que utilizara un tono inadecuado, solicitando moderación si el debate fuera subiendo de tono, etc.).

Tratará de repartir el tiempo entre todos los presentes de forma equitativa, evitando que unos pocos puedan monopolizarlo.

Cuándo queden 5 minutos para su conclusión se avisará a los participantes.

 Se pedirá a cada uno de ellos que brevemente resuma su punto de vista.

El moderador concluirá haciendo un breve resumen de los temas tratados y de los puntos de vista expuestos.

Se finalizará dando por concluida la sesión y agradeciendo al público su asistencia.

ETHOS XXX

CRÍTICAS

DESPUÉS DE HABLAR EN PÚBLICO, RESULTA MUY ÚTIL PEDIR LA OPINIÓN A ALGUNOS DE LOS ASISTENTES SOBRE COMO HA RESULTADO LA PRESENTACIÓN.

Hay que tratar de buscar opiniones sinceras, objetivas, en las que se destaquen los puntos fuertes y aquellos otros que necesiten ser mejorados. También resulta muy útil grabar en video la presentación. Permitirá analizar con detenimiento todos los aspectos de la misma: voz, lenguaje, gestos, movimientos, entusiasmo mostrado, seguridad, etc.

Hay que ser riguroso en el análisis (aunque sin llegar a ser autodestructivo) y detectar los fallos cometidos, sus posibles causas (falta de ensayo, imprevistos, nervios, escaso dominio de la materia, etc.) y ver las posibles medidas a adoptar para evitar que se vuelvan a repetir. Hay que analizar la naturalidad y la soltura mostradas ya que son aspectos claves para captar el interés del público.

Si se han empleado medios de apoyo visuales hay que valorar como han resultado (si han enriquecido la intervención, si han ayudado a captar la atención del público, si se han utilizado con soltura, etc.). También resulta muy útil hablar con gente experta con vistas a buscar consejos.

Cada participación en público viene a ser un ensayo general de la siguiente, y en cada una de ellas hay que tratar de evitar cometer los mismos errores que en la anterior. Sólo se pueden corregir estos errores si se conocen cuales han sido.

AGT Salvador Z. Zamudio
PRINCIPAL PARTNER
📞 760 504 5942
🌐 appliedgrowth.com
✉️ salvador@appliedgrowth.com

The Future of
Business Thought

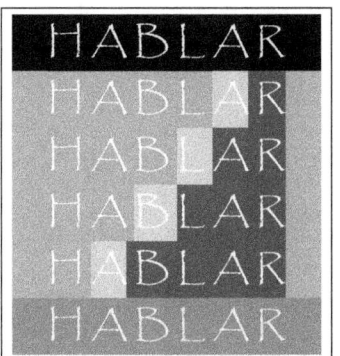